VUELVE A

Brillar

UNA GUÍA PARA SALIR FORTALECIDA DE CADA DIFICULTAD Y LEVANTARSE MÁS FUERTE QUE ANTES

NINA MADSEN

Special Art Development

Vuelve a Brillar

Una guía para salir fortalecida de cada dificultad y levantarse más fuerte que antes

Nina Madsen

Hardcover ISBN: 9791255531401
support@specialartbooks.com
www.specialartbooks.com

Índice

Introducción

Resiliencia: un término muy popular hoy en día y una característica muy positiva. Por último, se habla de resiliencia, la capacidad de recuperarse de las dificultades y cómo podemos desarrollarla en nuestras vidas. Normalmente nos enseñan que para tener una buena vida tenemos que ser amables, trabajar duro y encontrar a alguien que nos quiera.

Sin embargo, a menudo se pasa por alto el desarrollo de la resiliencia, la capacidad de aprovechar la fuerza interior que todo el mundo posee. Se trata de creer que uno tiene el valor y la capacidad de superar los momentos difíciles y salir más fuerte que antes.

Te enfrentarás a muchas batallas en tu vida, como discusiones familiares, la muerte de un familiar, el despido, problemas financieros o incluso el divorcio. Cada uno tiene sus propias cargas que llevar a lo largo de la vida. Tener resiliencia y saber ponerla en práctica puede marcar realmente la diferencia.

Pero no temas: ese potencial ya está dentro de ti y lo único que tienes que hacer es descubrir la mejor manera de desarrollarlo. En este libro, quiero mostrarte cómo puedes cultivar tu resiliencia a través del amor propio y la concentración, desarrollando valor, fuerza y determinación.

Fortalece tu capacidad de superar las dificultades amando tu generosidad, tu entusiasmo, tu verdad, tu capacidad de crecer y, sobre todo, tu fortaleza. Aunque tengamos seres queridos que nos apoyen en nuestra vida diaria, debemos ser capaces de confiar en nosotras mismas.

Somos nosotras las que tenemos que superar los momentos difíciles, nadie más puede hacerlo por nosotras.

Asume tu responsabilidad y siéntete orgullosa de ti misma. No dejes que los momentos difíciles te superen: la resiliencia te permite tomar las riendas de tu vida y apreciar los aspectos positivos.

Primera parte: Ama tu generosidad

 7 

Capítulo uno

Cultiva la conciencia

> "La clave de todo es enamorarse de una misma y compartir este amor con alguien que te aprecie, en lugar de buscar el amor para llenar un vacío de autoestima.
> —*Eartha Kitt*"

Hoy en día no se puede prescindir fácilmente de la tecnología, especialmente de las redes sociales.

Parece que nuestros teléfonos son ya casi un apéndice de nuestro cuerpo, y cada vez son más indispensables para el trabajo. Ahora hay puestos de trabajo dedicados exclusivamente al desarrollo de los medios sociales de una empresa. Pero tomarse un descanso de la tecnología puede ser lo mejor que puedes hacer para salir de un momento difícil.

Las redes sociales han provocado una epidemia de inconsciencia: no dejamos de pasar el dedo por la pantalla, no dejamos de mirar tanto contenido, sin ni siquiera pensar. Con lo social nos perdemos en una extraña niebla. Para algunos puede ser relajante, como ver la televisión, precisamente porque es un momento que estás sin estrés y no piensas en nada.

Pero realizar demasiadas actividades sin pensar puede llevarnos a una especie de estado depresivo. Nuestra mente no está ocupada y así perdemos de vista el presente, entonces, cuando llegan tiempos difíciles, nos perdemos en un vaso de agua. Sin embargo, si practicas buenos hábitos con tu dispositivo, también puedes adoptar *la atención plena* en otros ámbitos de tu vida.

PONLO EN PRÁCTICA

No cabe duda de que utilizar las redes sociales tiene sus ventajas, pero desplazarse sin cesar por diversos contenidos puede hacer que te sientas perdido. Es una actividad que no requiere conciencia y que, de hecho, no te da energía. En lugar de utilizar las redes sociales sin pensar, intenta cambiar tu relación con el teléfono y otros dispositivos. Adopta lo que se denomina *mindfulness*.

Busca aplicaciones que te ayuden a ser más consciente del tiempo que pasas frente a la pantalla. Una vez superado el tiempo que te has propuesto pasar conectado, busca otras formas de entretenerte: lee un libro, siéntate tranquilamente en el sofá, sal a pasear, visita a un amigo.

Demuéstrate a ti misma que el tiempo ocioso puede ser valioso y no algo que consumir.

Cuando vuelvas a utilizar tu dispositivo, piensa qué ves y por qué. Encuentra cinco o seis cuentas en las redes sociales que realmente te inspiren. Busca artistas, escritores o incluso una meditación guiada. Haz que el tiempo que pasas delante de la pantalla sea más fructífero.

Ejercicio creativo

Dibuja un entorno tranquilo al aire libre, por ejemplo, una tumbona junto al mar o un banco junto a un hermoso lago. Mientras dibujas, recuérdate que la tranquilidad y la naturaleza están a tu alcance si vives con intención.

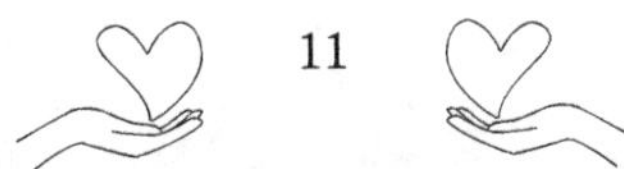

Conclusiones

Empieza a prestar atención a tu tiempo, a lo que ves y a lo que piensas. De este modo, podrás disfrutar mejor del momento presente; no estarás simplemente manteniéndose ocupada para evitar pensar en otra cosa. Disfruta del presente y desarrolla tu capacidad de resistencia para ser más fuerte que nunca.

Capítulo dos

Aprende a amar tu soledad

El camino hacia el amor propio puede ser largo. Aunque a veces es fácil perdonar a los demás por sus errores, puede ser extremadamente difícil perdonarse a una misma o darse un respiro. Pasar tiempo a solas puede ayudarte a reforzar tu autoestima y tu capacidad de ser más indulgente contigo misma.

Si no te gusta estar sola, deberías entender por qué. ¿Qué te impide tomarte un tiempo para disfrutar de la tranquilidad? ¿Es realmente una cuestión de falta

de tiempo o hay algo más profundo que te impide encontrar la tranquilidad?

Tomarse un espacio para una misma puede significar cosas distintas para cada persona, pero siempre debe ser una oportunidad para sentirse segura y hacer algo que nos guste.

PONLO EN PRÁCTICA

Una cosa que recomiendo es crear un espacio en la casa que sea exclusivamente tuyo. Tal vez un estudio, un rincón de lectura o incluso una silla especial. Lo que decidas hacer en ese espacio depende enteramente de ti: puede ser un lugar donde refugiarte para estar sola, para analizar tus pensamientos sin juzgarlos o para hacer algo que te haga feliz.

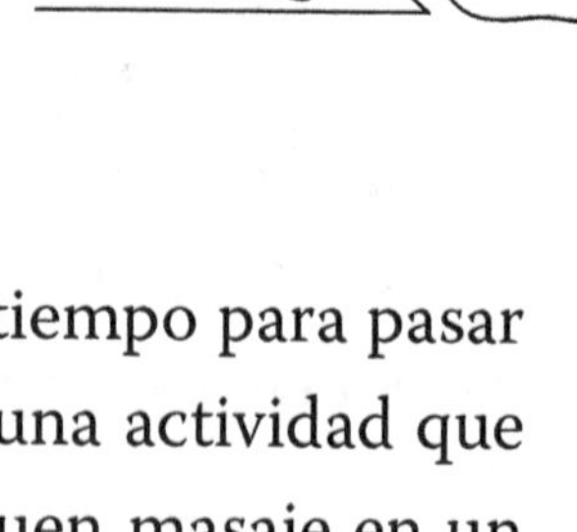

Además, es importante encontrar tiempo para pasar tiempo a solas fuera de casa. Haz una actividad que te guste, ve al cine o regálate un buen masaje en un balneario.

Ejercicio creativo

Haz un dibujo tuyo, estando feliz y tranquila, sentada en un cómodo sillón pensando. El tiempo que pasas contigo misma no debe ser estresante, sino un momento de evasión. Vuelve al dibujo cuando dudes si pasar tiempo a solas.

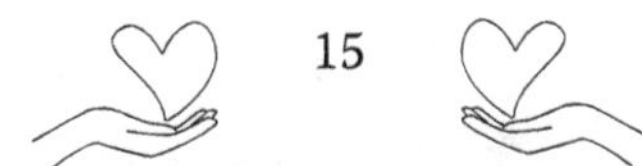

Conclusiones

Quererse a una misma también requiere pasar tiempo a solas. Como cualquier otra cosa, cuanto más lo hagas, más podrás disfrutar de ese tiempo y beneficiarte de él. Además, a medida que aumentes la confianza en ti misma y el amor a ti misma a través de la soledad, también desarrollarás la resiliencia.

Capítulo tres

Desarrolla tu coraje

Mucha gente piensa que tener valor significa no tener miedo. Leemos historias de aventuras y vemos películas emocionantes en las que los protagonistas son siempre extremadamente atrevidos. No parecen tener miedo mientras luchan contra un enemigo peligroso o exploran un lugar misterioso. Así, a menudo nos encontramos diciendo. "Oh, yo nunca podría hacer eso. Tendría demasiado miedo". Pero, en realidad, el valor no es eso.

Coraje es decidir hacer algo, *aunque* nos dé miedo. Puede que estés muerta de miedo, pero dar ese paso y enfrentarte a lo que te intimida puede ayudarte realmente a crecer como persona. El miedo no nos controla y, a pesar de él, podemos alcanzar nuestros objetivos y progresar.

Superar el miedo es precisamente lo que genera resiliencia. Si siempre cedemos a nuestros miedos y permitimos que nos alejen de nuestros objetivos, nos acostumbramos a escondernos. Así, cuando llegan las dificultades, huimos y somos incapaces de afrontarlas. Pero cuanto más practiques desafiar tus miedos y hacer lo que te asusta, más fuerte te sentirás ante los obstáculos. Serás poderosa y resistente.

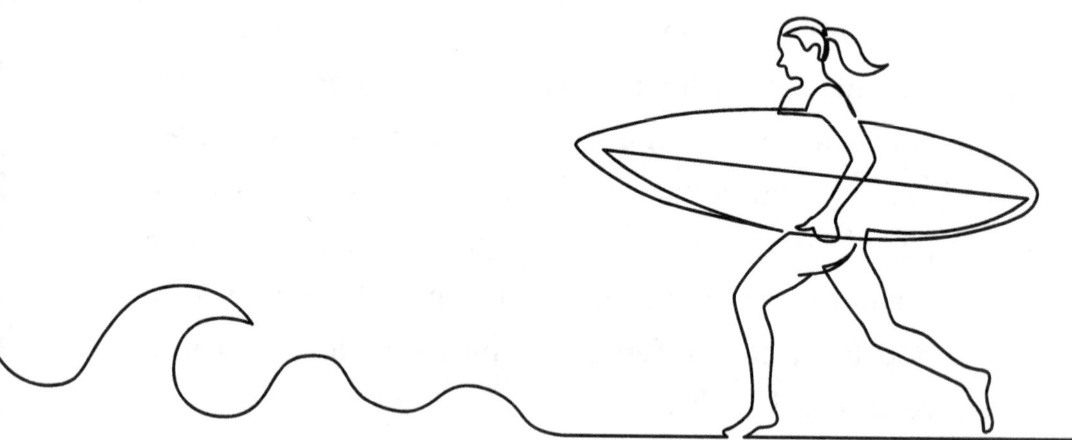

 18 

PONLO EN PRÁCTICA

Convierte las palabras de Eleanor Roosevelt en tu mantra: haz cada día algo que te asuste. Debería convertirse en un hábito, como comer fruta y verdura todos los días. Saca tu agenda y empieza a hacer una lista de las cosas que te dan miedo, sobre todo las que te gustaría hacer. Si buscas ideas, echa un vistazo a la siguiente lista.

Tienes miedo de:

- ¿Escalar una montaña?
- ¿Hablar en público?
- ¿Conocer gente nueva?
- ¿Pedir un ascenso en el trabajo?
- ¿Invitar a salir a alguien?

Escribe todo lo que se te ocurra y luego analízalo. ¿Qué es lo peor que podría pasar si te enfrentaras a ese miedo? Escribe lo que podría ocurrir si te acercaras a un desconocido, por ejemplo.

....

....

....

....

....

Una vez identificados los peores escenarios, habla con alguien que ya se haya enfrentado a una situación similar. Pídeles que compartan su experiencia y lo que han aprendido.

A continuación, elige uno de tus miedos y ponlo a prueba. Permítete fracasar bien o fracasar completamente. No pasa nada. Recuerda lo que dijo la otra persona sobre lo que aprendió trabajando sus miedos.

EJERCICIO CREATIVO

Dibuja una imagen de algo que te asuste. Quizá la cima de una montaña, alguien hablando en público o una escena de valentía. Imagínate allí mientras lo dibujas. Recuerda que el miedo es natural y no debe ser un obstáculo.

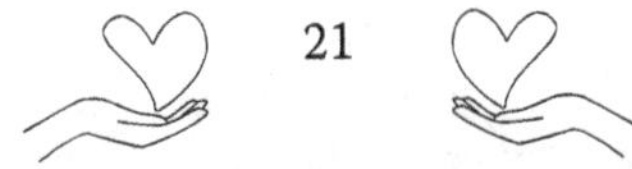

Conclusiones

La idea de hacer algo que te da miedo puede no parecerte muy atractiva al principio, pero puede que te sorprenda descubrir lo mucho que disfrutarás con ello. Si no, habrás aprendido algo. ¡Adiós miedo, hola resiliencia!

Capítulo cuatro

Hazte un regalo

> *El autocuidado es la forma*
> *de recuperar el poder.*
> —*Lalah Delia*

Todos los años por Navidad hacemos regalos a las personas que más queremos, pero nunca a nosotras mismas.

¿Por qué tendemos a descuidarnos?

No te pases, cíñete a tu presupuesto y sé realista, pero recuerda que puedes ganar mucho si empiezas a hacerte regalos a ti misma. Es una forma de recordarte a ti misma que, aunque el mundo puede ser un lugar

cruel, sigues mereciendo amor, respeto y atención. Te mereces un regalo y a veces sólo necesitas oírlo... ¡y por qué no decírtelo a ti misma!

Al mismo tiempo, hacer regalos te recordará que, aunque el mundo puede ser un lugar cruel, sigues mereciendo amor, respeto y atención... y por qué no, ¡incluso un regalo!

PONLO EN PRÁCTICA

Piensa en algo que te guste y que te haría feliz recibir como regalo. A menudo animo a las mujeres a plantearse un día en el spa: no sólo es un momento para darse un capricho, sino también una experiencia relajante que te permite centrarte en ti y en tu bienestar. También puedes comprar una *tarjeta regalo* del balneario para utilizarla en el futuro. Así, cuando llegue el momento, podrás elegir tranquilamente dedicar un día a la pura relajación.

Empieza a hacer acopio de tarjetas regalo aquí y allá para utilizarlas en los días lluviosos en los que realmente necesites un capricho. Déjalos a un lado y ¡voilá! Tendrás un pequeño nido para ti sola.

No necesitas una excusa para hacerte un regalo, puedes utilizar esos pequeños obsequios como recompensa por alcanzar tus objetivos. Por ejemplo, si has salido de tu zona de confort y has probado algo que antes te daba miedo. ¡Bien hecho!

EJERCICIO CREATIVO

Dibuja algo que te gustaría recibir como regalo. Ve más allá de las cosas materiales y piensa en algo que tenga significado para ti o a lo que aspires. La cosa ilustrada podría convertirse en algo a lo que aspirar a medida que te acostumbras a hacerte regalos a ti misma.

Conclusiones

No te olvides de ti misma al comprar los regalos de Navidad este año. No es que tengas que hacerte un regalo de Navidad, pero empieza a considerarte alguien digno de regalos y atención. Los regalos son un bonito lenguaje del amor y, cuando te los haces a ti misma, es como si te dijeras: "¡Eh, tú también eres importante!".

Segunda parte: Ama tu entusiasmo

Capítulo cinco

Date un respiro

> Cuidar de mí misma no es autoindulgencia, es autoconservación.
> —*Audre Lorde*

¡Ah, descansar! La propia palabra contiene un sonido y una sensación que recuerdan a relajarse totalmente. Tanto los animales como los seres humanos dedican parte de su tiempo a trabajar y parte a descansar. Sin embargo, con el paso del tiempo, los seres humanos hemos empezado a centrarnos más en el trabajo, descuidando la fase de relajación. Cada vez más personas padecen insomnio, fatiga y experimentan una sobrecarga de actividades.

Descansar ahora parece un lujo y para algunos puede parecer incluso egoísta. El sueño es utilitario. Todos dormimos y nuestro cuerpo lo requiere fisiológicamente, pero el descanso es algo completamente distinto. Se trata de centrarse en ralentizar los ritmos, dejar que la actividad del cuerpo y la mente se detengan durante un rato. Hay muchas formas de darse un pequeño respiro, como la meditación, la siesta, soñar despierto o simplemente sentarse en silencio. En reposo, no somos conscientes del paso del tiempo y no hay preocupaciones. Simplemente, date el espacio y el permiso necesarios para recuperar el aliento.

PONLO EN PRÁCTICA

En primer lugar, el sueño forma parte del descanso, así que empecemos por ahí. Para facilitarlo, reevalúa el espacio de tu dormitorio. Muchas veces, introducimos en él un montón de objetos, como aparatos o equipos de ejercicio, cuando ese espacio debería estar dedicado únicamente a dormir y descansar. Fíjate en tu habitación: ¿está todo en ella dedicado exclusivamente a dormir y descansar?

Trae, por ejemplo, cosas que te recuerden la paz y la tranquilidad. Puede ser una bonita concha marina que hayas encontrado en la playa, una foto tomada en la naturaleza o unas ramitas de romero de tu jardín. Decora la habitación de forma que transmita tranquilidad y bienestar. Así, cuando te despiertes, tu mente estará bien descansada y lista para empezar el día.

Para conciliar mejor el sueño, desarrolla una rutina que prepare tu cuerpo para descansar durante la noche. De este modo, dormirás más fácilmente y te sentirás realmente rejuvenecido al despertar.

Pero el descanso no consiste sólo en dormir, sino también en tomarse un tiempo para bajar el ritmo y dar un paso atrás. Se ha demostrado que el descanso ayuda a consolidar la memoria (Tucker, et al., 2020). Pero no sólo eso: te da un respiro sin que tengas que dormir necesariamente ocho horas.

Te reto a que dediques unos dos minutos al día enteramente al descanso. Después, intenta llegar al menos a cinco. Busca un lugar tranquilo y siéntate, quizá en tu tumbona, en un rincón donde leas o en una hamaca. Respira hondo y disfruta del momento.

EJERCICIO CREATIVO

Dibuja una imagen que represente el descanso: una cama mullida, un amanecer, una hamaca. Encuentra algo que te recuerde esa idea. Mantén la imagen a la vista para que siempre te recuerde que debes dedicar tiempo a la relajación en tu vida, detenerte y disfrutar de momentos de auténtico descanso.

Conclusiones

Aunque no lo parezca, hay momentos del día que puedes dedicar al descanso. Además de dormir bien, concéntrate en encontrar unos minutos para tomarte un descanso. Deja que tu mente y tu cuerpo se relajen mientras disfrutas y saboreas esa relajación. Descubrirás que tienes aún más energía para hacer las cosas que te gustan. Cuanto más descansada y alegre estés, mayor será tu capacidad de recuperación.

Capítulo seis

Desarrolla tus conocimientos

> El conocimiento tiene principio, pero no fin.
>
> — *Geeta Iyengar*

¿Quién dijo que el aprendizaje sólo tiene que tener lugar en la escuela? Estamos constantemente adquiriendo nuevas habilidades, incluso cuando no somos conscientes de ello. Si no, ¿cómo podríamos aprender a superar momentos difíciles, cambiar de trabajo o incluso ser padres? Nuestras mentes son curiosas por naturaleza, así que sal y busca oportunidades para aprender cosas nuevas.

Cuando aprendes algo que te interesa, no sólo ejercitas tu cerebro, también ganas confianza en ti misma. El conocimiento es realmente poder: cada vez que adquieres una nueva habilidad o conocimiento, te demuestras a ti misma tu capacidad de aprender.

Desarrollar tus conocimientos también te da la oportunidad de explorar temas que quizá nunca antes habías explorado. Y eso hace que la vida sea aún mejor.

PONLO EN PRÁCTICA

Haz una lista de tres temas que te interesen. Puede ser la Segunda Guerra Mundial, física o literatura inglesa. Una vez identificados los temas, busca oportunidades para profundizar en ellos. ¿Puedes encontrar un libro sobre estos temas en la biblioteca? ¿Hay algún curso gratuito en tu zona o quizás en línea? Tanto la lectura como el aprendizaje tienen un gran poder; además, la lectura es una forma maravillosa de practicar el mindfulness.

Permanece en el presente mientras profundizas en estos temas y adquieres nuevos conocimientos. Nada más importa, sólo esa oportunidad que te das a ti misma de aprender algo nuevo que te interesa.

Además, leer y ver vídeos aumenta las funciones cognitivas y refuerza la memoria. Después de profundizar en algo, busca a otras personas a las que les guste ese tema tanto como a ti y queda para hablar de ello.

Ejercicio creativo

Haz una foto o un dibujo de una estantería en la que aparezcan los títulos de los libros que tratan el tema sobre el que has elegido aprender más. Colorea ese dibujo y concéntrate en la cantidad de conocimientos que aún puedes adquirir. Es un viaje sin fin y eso es lo más emocionante: siempre se puede descubrir más.

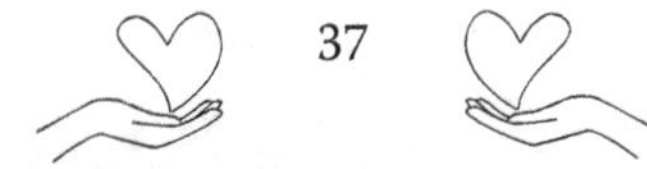

Conclusiones

Aprender estimula nuestro cerebro y, al mismo tiempo, nos permite escapar de los pensamientos negativos. A veces, nos centramos tanto en nuestras tareas diarias que nos olvidamos de cultivar otras pasiones. Es como si nuestro cerebro funcionara con el piloto automático. Pero aprendiendo cosas nuevas, puedes ampliar tu mente y adoptar una nueva perspectiva de la vida. Cada vez que dominas nuevos conocimientos, el mundo que te rodea se abre un poco más.

Capítulo siete

Aumenta la confianza en ti misma

> "Digo que soy hermosa. Digo que soy fuerte. No decidirás mi historia.
> —*Amy Schumer*

Muchos de los problemas emocionales de una persona se reducen a una sola cosa: la confianza en sí mismo, o más bien, la falta de ella. A menudo, a lo largo de nuestra vida, nos dicen quiénes y cómo debemos ser; así que intentamos averiguar cómo caminar, hablar y actuar; intentamos fijarnos en la gente que nos rodea y encajar en la medida de lo posible. Es natural, y todos los mensajes que recibimos del exterior nos dicen que debemos encajar en un patrón.

Mantenerse en forma, no transgredir, tener un aspecto u otro, creer sólo en determinadas cosas, y la lista continúa. A menudo, gran parte de nuestra confianza como mujeres proviene de nuestro cuerpo. El mundo se centra tanto en el cuerpo femenino, y en cómo debe ser, que daña nuestra autoestima si no sentimos que estamos a la altura de esos modelos.

Te animo a que empieces a desarrollar *tu* autoestima. Deja de esperar a que los demás reconozcan tus cualidades. Como cualquier otra cosa, la confianza viene de dentro. Tú decides tu historia; tú decides cómo te sientes contigo misma. No dejes que nadie te diga cuánta confianza en ti misma debes tener.

PONLO EN PRÁCTICA

Colócate frente a un espejo de cuerpo entero y obsérvate. En tu diario, enumera cinco aspectos que no te gusten de ti misma o rasgos con los que no te sientas a la altura de las normas impuestas por la sociedad. A continuación, convierte lo que has escrito en algo positivo.

Por ejemplo, si no te gustan tus arrugas, reflexiona sobre lo que esas líneas dicen de ti. Tal vez digan lo

mucho que te gusta reír, estar al sol y disfrutar de la vida. Si no amas tus piernas, piensa en todas las cosas que te han permitido hacer a lo largo de tu vida: bailar, hacer senderismo, pasear por la naturaleza, etc.

El objetivo de este ejercicio no es identificar tus defectos, sino trabajar para cambiar no tu cuerpo, sino tu forma de verlo, encontrar lo que no te gusta y aprender a amarlo. Apreciar nuestro cuerpo y aceptarlo es indispensable para reforzar la autoestima.

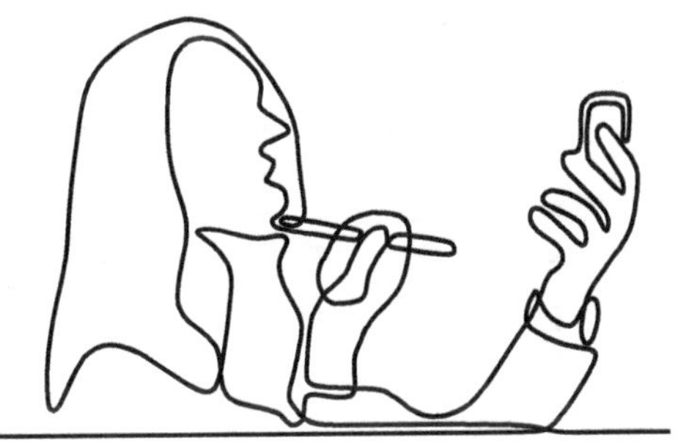

¿Cómo puedes hacerlo?
Podrías agradecérselo a tus piernas con un buen masaje; o tal vez puedas aplicarte cremas en la cara, valorando tu piel. Encuentra formas de mostrar tu gratitud en lugar de centrarte en los aspectos negativos. Desarrolla tu resiliencia: cuando amas tu cuerpo y aprecias quién eres, eres más fuerte por dentro y por fuera.

EJERCICIO CREATIVO

Dibújate a ti misma intentando representar tu singularidad y las partes de tu cuerpo que cuentan tu historia. Las arrugas alrededor de la boca muestran cuánto te ríes. La cicatriz de tu piercing en el ombligo demuestra tu frescura y tu inconformismo. Podrías seguir y seguir. Tu cuerpo es único y te describe. No es todo lo que eres, pero es una parte importante de ti y por eso debes quererla y respetarla.

Conclusiones

Sé amable contigo misma. A veces es más fácil reconocer nuestros aspectos menos visibles, pero es menos fácil, para nosotras las mujeres, apreciar nuestro aspecto físico. A menudo nos hacemos eco de las voces de la sociedad y dicen que estamos demasiado gordas o demasiado delgadas o demasiado viejas. Aprende a aceptar quién eres y a apreciar tu cuerpo, en lugar de centrarte únicamente en lo que te falta.

Capítulo ocho

Reflexiona sobre tus progresos

> **"** La vida es energía, pura energía creativa.
> —Julia Cameron **"**

¿Cómo podemos darnos cuenta de nuestro progreso si no nos detenemos a reflexionar sobre lo que hemos hecho? Al igual que en la escuela, a lo largo de la vida recibimos notas y comentarios sobre nuestros deberes para ayudarnos a entender cómo lo estamos haciendo. Ahora, no estoy diciendo que debas calificar tus habilidades y tu crecimiento, pero empieza a reflexionar sobre los progresos y las mejoras que has hecho.

La atención no debe centrarse en el objetivo final, sino en el camino. Lo que cuenta es el camino, como

suele decirse, pero con demasiada frecuencia sólo pensamos en llegar a la meta. De este modo, nos perdemos todas las cosas importantes del camino.

Reflexionar sobre tus progresos es una forma de centrarte en los aspectos positivos y dejar que los negativos pasen a un segundo plano. Equivale a decirnos a nosotras mismas: "Oye, mira cuánto has mejorado", en lugar de "¡Lo has vuelto a hacer mal!".

Si empiezas a ver la vida de esta manera, empezarás a dejar de lado algunos de tus miedos, por ejemplo, el de no ser lo bastante buena o no poder alcanzar tus sueños. El objetivo es el progreso. El sueño es mejorar y cambiar constantemente. Lo importante es mejorar y avanzar.

PONLO EN PRÁCTICA

Antes de irte a la cama, saca tu agenda y empieza a poner por escrito tus pensamientos centrándote en el progreso. Piensa en todos los ámbitos de tu vida, desde el trabajo hasta la familia, y en las cosas que has aprendido o las mejoras que has introducido en las últimas semanas. Tal vez hayas empezado a expresar tus pensamientos durante las reuniones de trabajo o te hayas matriculado en un curso en línea.

Incluso si se trata de cosas más pequeñas, como que has descubierto algo nuevo sobre ti misma en lo que quieres trabajar, está bien. Escríbelo. Muestra los progresos que estás haciendo y sigue esforzándote por convertirte en la mejor versión de ti misma.

....

....

....

....

....

....

EJERCICIO CREATIVO

Dibuja un amanecer. No sólo debemos pensar en el sol cuando está en su apogeo y brilla sobre nosotras, sino que debemos disfrutarlo durante todo su recorrido, desde el caluroso y rosado amanecer hasta el envolvente y anaranjado atardecer. Lo mismo te ocurre a ti: no importa en qué punto del camino te encuentres, lo importante es que progreses.

Conclusiones

El progreso es el verdadero objetivo. Cualquiera, esforzándose cada día, puede mejorar y acercarse a sus objetivos. Pero recuerda que la meta no importa: ¡lo que importa es el camino!

 48 

Tercera parte: Ama tu verdad

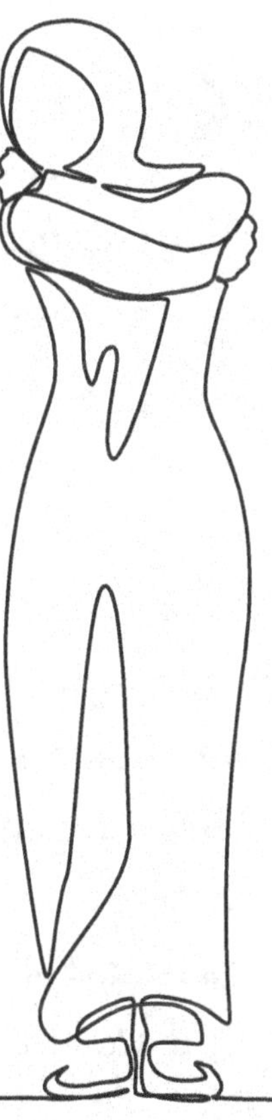

Capítulo nueve

Protege tus límites

> "Al crecer, descubrirás que tienes dos manos: una para ayudarte a ti misma, la otra para ayudar a los demás.
> — *Maya Angelou*

Los límites son muy importantes y es sorprendente lo poco que hablamos de ellos. Crecí sin aprender nunca nada sobre los límites que debemos fijarnos y luego me encontré con que tenía que gestionarlos más tarde en la vida. Establecer límites es esencial para desarrollar el amor propio y la resiliencia en los momentos menos felices de la vida.

Los límites sirven para comunicar a los demás que no permitirás que te traten como quieran. Tienes que expresar claramente lo que necesitas si esperas algo de alguien.

Una de las reglas más importantes sobre los límites es la siguiente: no puedes controlar las acciones de los demás. Sólo puedes controlarte *a ti misma*. Permíteme repetirlo: no puedes controlar las acciones de los demás. Sólo puedes controlar lo *que* haces y dices. Es un poco difícil de aceptar, pero este conocimiento puede hacerte libre.

Cuando nos damos cuenta de que tenemos control sobre nosotras mismas, ya no tenemos que preocuparnos por lo que hagan los demás. Tienes que descubrir dónde están tus límites y cómo puedes construirlos y protegerlos en cada situación.

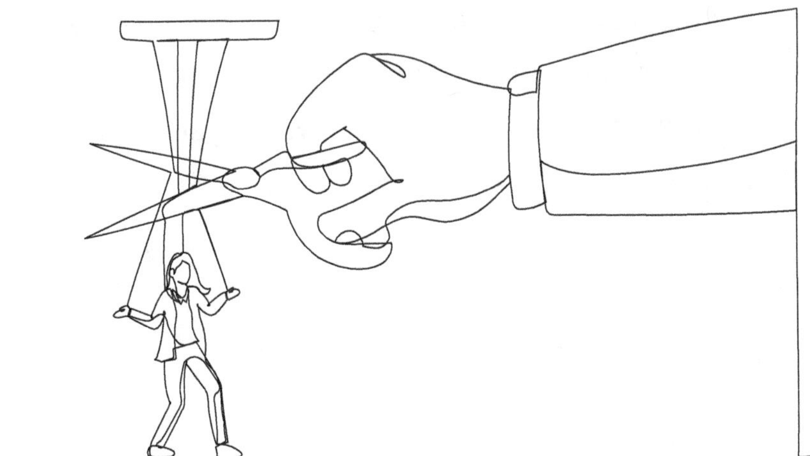

PONLO EN PRÁCTICA

Para saber hasta qué punto puedes soportar determinadas situaciones, escribe tres cosas que despierten en ti sentimientos desagradables. Por ejemplo, tu hermana que te envía un mensaje a las 3 de la mañana exigiendo una respuesta inmediata; o quizás tu vecino que empieza a cortar el césped al amanecer.

Haz una lista y empieza a pensar en cómo puedes establecer un límite para protegerte. En el primer ejemplo, basta con poner el teléfono en modo silencio durante la noche. En el segundo, puedes sugerir una solución mejor.

Recuerda que no todo el mundo reaccionará bien ante este nuevo comportamiento tuyo, pero los límites son esenciales para evitar que te pisoteen. Se trata de defenderte, protegerte del dolor y demostrar a los demás que sabes lo que quieres, que te preocupas por ti misma y que no te dejas vencer fácilmente.

Ejercicio creativo

Haz un dibujo de una valla para colgarlo en tu casa y recordarte que está bien poner límites. No se trata de egoísmo ni de ser grosero con la gente, sino simplemente de decir: "Esto es lo que necesito y me importo lo suficiente como para conseguirlo". Te sorprenderás de lo que ocurrirá.

Conclusiones

Puedes establecer límites en todos los ámbitos de tu vida. Te recomiendo que explores este tema para entender mejor dónde necesitas límites y cómo puedes reforzarlos. Cuantos más tengas, más resistente serás, porque, aunque siempre habrá fuerzas externas que no puedas controlar, siempre podrás encontrar la fuerza dentro de ti misma. ¡Empieza a construir!

Capítulo diez

Siempre listas

Como no podemos controlar a quienes nos rodean, al establecer límites, a veces la gente puede hacernos daño. Además de desarrollar la autoestima y establecer límites, también hay que crear un sentimiento de seguridad.

Todo el mundo tiene derecho a sentirse seguro, pero, por desgracia, las mujeres suelen ser objeto de conductas abusivas. Si has sufrido malos tratos en el pasado, recuerda que no es culpa tuya. No hay nada que hayas hecho que pueda haber provocado ese comportamiento y nadie debería decirte lo contrario. El maltrato fue culpa exclusiva del autor.

Una de las formas de fomentar la autonomía y la sensación de seguridad es estar preparada.

PONLO EN PRÁCTICA

Pocas cosas hay más liberadoras y tranquilizadoras que la propia autonomía y seguridad. Apúntate a un curso gratuito de defensa personal diseñado para mujeres. Compra y aprende a usar un spray de pimienta, lleva un cordón con un silbato si vas a pasear de noche. Cuanto más desarrolles tu sentido de la seguridad, más confianza en ti misma ganarás.

Esto es resiliencia en un sentido muy tangible, que te ayudará a creer en tu fuerza y capacidad para cuidar de ti misma.

EJERCICIO CREATIVO

Dibuja un objeto que ejemplifique tu fuerza. ¿Una flor? ¿Un puño? ¿Un águila? Sea lo que sea, añade colores que representen la fuerza y te den valor. Esta imagen puede ayudarte a recordar lo fuerte que eres, tanto por dentro como por fuera.

Conclusiones

No eres una víctima. Eres una mujer fuerte, independiente, resistente y con voluntad propia. Construye tu autonomía mediante la preparación y la práctica.

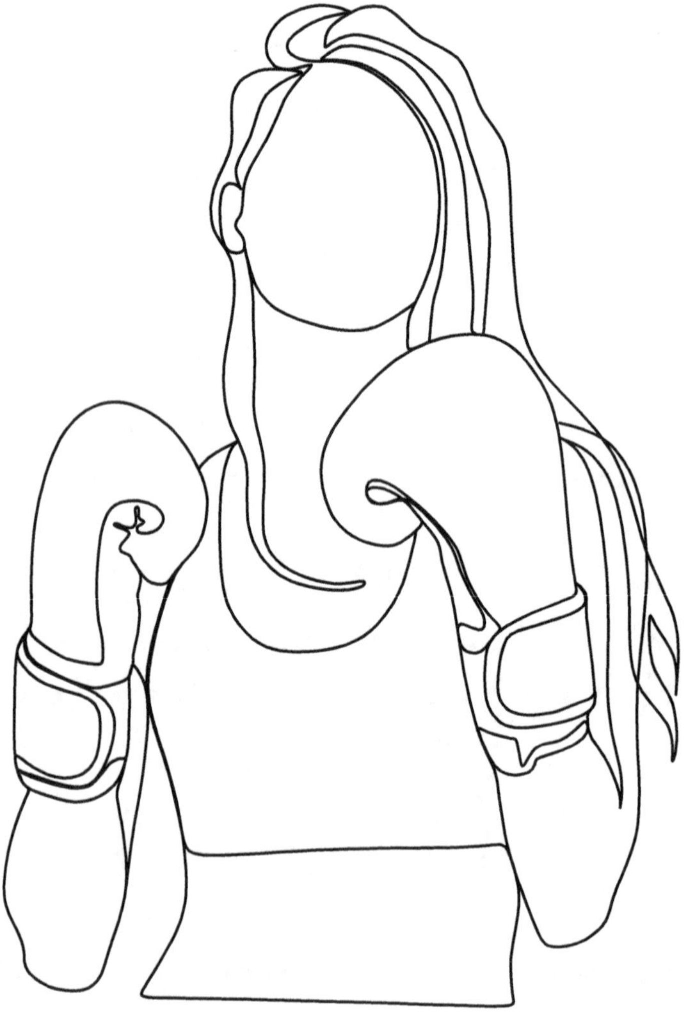

Capítulo once

Sé tu propia compañera de entrenamiento

> Todos los niños, vivan donde vivan,
> merecen la oportunidad de desarrollar
> la promesa que llevan dentro.
> —Michelle Obama

A menudo inventamos excusas para no hacer ejercicio. Hacer ejercicio es difícil y agotador, y es fácil saltárselo diciendo "lo haré mañana". Una de las mejores formas de mantener la motivación es encontrar un compañero con el que hacer ejercicio. Sin embargo, esto no siempre es posible.

Si esperas a otro, puede que nunca te levantes del sofá. El ejercicio es tan importante para tu bienestar,

tanto físico como mental, que debe convertirse en una prioridad. Al quererte, te cuidas, lo que también se consigue haciendo ejercicio.

Puedes convertirte en tu propio compañero de entrenamiento para entrenar como tú quieras.

PONLO EN PRÁCTICA

En primer lugar, tienes que encontrar una actividad física que te guste. Si no sabes por dónde empezar, puedes ir probando. Busca en Internet entrenamientos gratuitos: los hay de varios tipos, desde yoga a kickboxing, pasando por danza... seguro que encuentras algo que se adapte a ti.

Si quieres ir un poco más allá, puedes empezar a tomar algunas clases en tu gimnasio o club de salud local. Prueba con el yoga y la natación, o quizá con una clase de hip hop.

Una vez que hayas encontrado el tipo de entrenamiento que te gusta, es hora de empezar a integrarlo en tu vida diaria. Debes programarlo igual que haces con las citas o las reuniones de trabajo. Es una parte indispensable de tu vida y no puede pasar a un segundo plano.

Registra tus progresos en un diario o en una aplicación para poder celebrar cada hito.

Ser tu propia compañera de entrenamiento significa cuidarte y crecer. No necesitas a nadie más: ¡puedes hacerlo tú misma!

EJERCICIO CREATIVO

Diseña algo que represente el tipo de formación que prefieres. ¿Una zapatilla de ballet? ¿Un guante de boxeo? ¿Gafas de natación? Entrenarse haciendo lo que te gusta es la mejor manera de mantenerse en forma, ¡y seguro que siempre encuentras un momento al día para dedicarle al deporte!

Conclusiones

Al igual que las verduras, el ejercicio es bueno para nosotras y podemos hacerlo como queramos. Olvídate de los viejos métodos tradicionales que requieren horas de carrera o levantamiento de pesas. El ejercicio puede adoptar formas diferentes y divertidas. De este modo, no sólo entrenarás tu cuerpo, sino también tu mente y tu corazón.

 63 

Capítulo doce

Dejar ir la negatividad

> **...un campeón no se define por sus victorias, sino por cómo se recupera.**
> —*Serena Williams*

La negatividad puede acumularse. Si no nos ocupamos de ello, pronto será lo único que veamos cuando nos miremos al espejo. El fuego, por ejemplo, puede recordarnos el accidente de la infancia con la estufa de gas y no una bonita hoguera en la playa con los amigos. Aunque esa vieja cicatriz puede enseñarnos a prevenir el dolor, también puede entorpecernos.

¿Dejaremos de ir en bicicleta sólo porque una vez nos caímos? ¿Nos aferraremos tanto a ese dolor que no podremos vivir nuestra vida en plenitud?

Así funciona la negatividad. Si sólo te centras en los aspectos negativos, como el estrés, la ira y el dolor, sentirás que la vida carece de felicidad. En realidad, sólo te has acostumbrado a verlo a través de una lente negativa. Pero no te preocupes: si realmente quieres, puedes cambiar de perspectiva. Al principio te costará un poco, pero luego podrás desprenderte de la negatividad y empezar a fijarte en la belleza que te ofrece la vida.

PONLO EN PRÁCTICA

¿Te sientes limitada por tu negatividad? ¿No eres tan feliz o productiva como podrías? Prueba este ejercicio: todas las noches, durante una semana, escribe cada una de las cosas que has hecho durante el día, desde preparar el café hasta vaciar el lavavajillas. Escríbelo todo. Puede que sea una lista bastante aburrida, pero no te preocupes, sólo intentamos reeducar nuestros pensamientos.

Después, empieza a destacar las cosas positivas. Puede que por fin hayas terminado una tarea que llevabas mucho tiempo posponiendo, que hayas sido paciente con un colega persistente o que hayas llevado a tu hija al colegio a tiempo. Anota incluso aquellas cosas

positivas que te parezcan insignificantes. Tus ojos empezarán a abrirse a las cosas buenas de la vida. Con el tiempo, estos pequeños momentos de gratitud compensarán el sesgo negativo. Esto te ayudará a liberarte de la negatividad. Sentirse orgullosa incluso de los pequeños logros permite cultivar la confianza en una misma y la resiliencia y alejar la negatividad.

EJERCICIO CREATIVO

Dibuja una imagen que simbolice el dejarse llevar. Tal vez seas tú la que se levanta y deja que algo caiga de tus manos. ¿Es miedo? ¿Negatividad? ¿Odio? ¿Ira? Ten a mano este dibujo como recordatorio constante para desprenderte de las cosas que ya no necesitas.

Conclusiones

Piensa en la negatividad como un exceso de peso que te mantiene mental y emocionalmente insano y te impide encontrar la verdadera alegría que mereces. Déjate llevar, míralo todo siempre desde un prisma positivo y sé feliz.

Cuarta parte: Ama tu capacidad de crecimiento

Capítulo trece

Entrégate a la meditación

> **"** No hay mejor momento que éste para ser feliz. Cada momento es todo lo que necesitamos, nada más.
> —*Madre Teresa de Calcuta* **"**

Puede parecer una tontería, pero también se puede crecer estando quieto y permaneciendo en el momento. Mantener la mente en el presente ayuda a reducir el estrés de pensar en el futuro. En este estado de presencia, no pensamos en nada. Imagínate el alivio que sentirías. Durante unos minutos al día, podemos ser nosotras mismas y escuchar nuestra respiración. Nada más puede perturbarnos, juzgarnos o estresarnos.

Esto es meditación "activa" y te reto a que le dediques un momento cada día. Será un momento de seguridad, calidez y amor por ti misma. La meditación te da la oportunidad de hacer una pausa en tu vida durante unos minutos. Te permite recordar que eres humana, que necesitas descansar, que necesitas recordar quién eres y tomarte un momento para apreciar tu presencia.

Permítete este lujo. Respira hondo y disfruta de tu compañía durante un rato. Deja que los pensamientos fluyan por tu mente sin centrarte en ellos.

PONLO EN PRÁCTICA

En casa, dedica un espacio a la meditación. No debe haber distracciones externas, sólo tú y tus pensamientos. Que sea un lugar seguro al que retirarse. Incluye todos los adornos que desees y que fomenten la serenidad. Descárgate una aplicación de meditación o marca meditaciones guiadas en línea que encajen con tu estado de ánimo o se alineen con alguno de tus objetivos. Tal vez quieras meditar para reducir la ansiedad, liberarse de la negatividad y practicar la gratitud. Empieza con una sesión de uno o dos minutos y, poco a poco, ve aumentando el tiempo de meditación.

Dedicar tiempo a meditar puede ayudarte a despejar la mente y centrarte en el descanso y la gratitud. Regálate momentos de meditación para disfrutar de sus beneficios.

EJERCICIO CREATIVO

Colorea un mandala. Es un ejercicio relajante y consciente, y una meditación en sí misma. Los intrincados detalles del mandala te permitirán concentrarte y relajarte.

Conclusiones

Seguro que ya has oído hablar de todos los beneficios de la meditación, pero puede parecerte difícil incluirla en tu rutina. Recuerda que puedes meditar en cualquier lugar y en cualquier momento. Aunque lo ideal sería dedicarle un lugar exclusivo, no es estrictamente necesario. Puedes sacar momentos para meditar incluso durante el trabajo si lo necesitas. Serán momentos dedicados exclusivamente a ti misma, en los que podrás desterrar las preocupaciones y los pensamientos negativos.

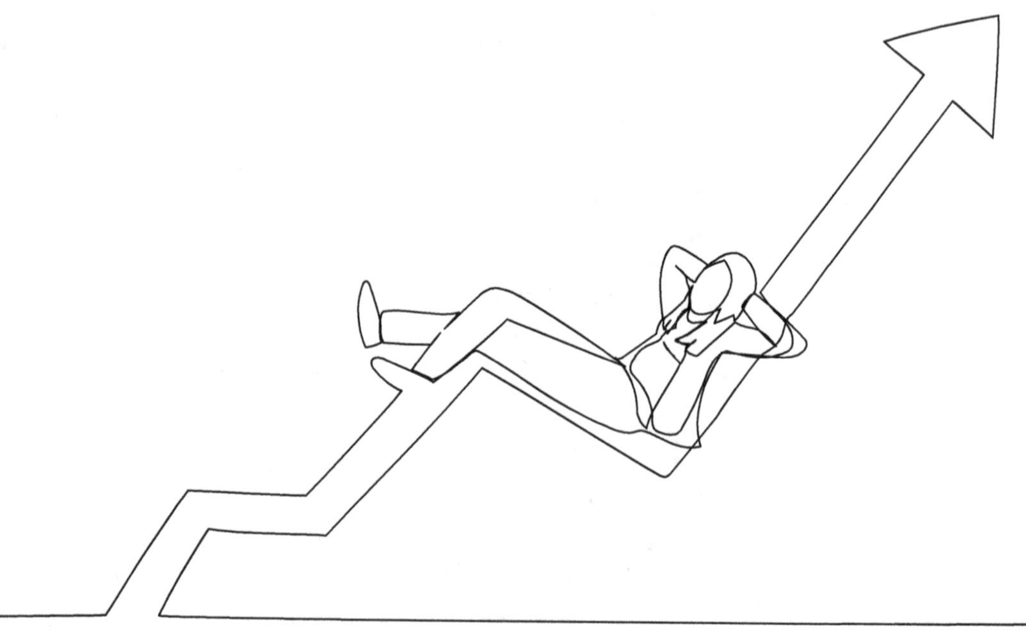

Capítulo catorce

Cultiva tu rincón verde

> La pasión es la leña que mantiene encendido el fuego de la meta.
>
> —Oprah Winfrey

Sumergirse en la naturaleza es una forma de encontrar la paz. En tu tiempo libre, dedica tiempo al aire libre y cultiva tu propio huerto. Puede ser tanto un pasatiempo como una práctica de mindfulness. La naturaleza nos recuerda la importancia del equilibrio. Las cosas mueren, pero sus restos nutren una nueva vida. Llegan las tormentas, pero poco después llega un periodo de paz.

Una de las cosas que más me gustan de la naturaleza es que me muestra lo pequeña que soy en el conjunto.

La vida es mucho más que nuestros problemas cotidianos. Esto no significa que tus problemas sean insignificantes, sino que hay una vida más allá de ellos. Puede ayudarte a ver las cosas desde otra perspectiva cuando sientas que la negatividad se apodera de ti.

PONLO EN PRÁCTICA

Convierte una parte de tu jardín en un auténtico rincón verde. Añade aunque sólo sea unas cuantas macetas, o cámbialo por completo. La naturaleza te dará una nueva perspectiva de las cosas. Cultiva un jardín y observa cómo refleja tu progreso como persona. Cuanto más cuides de una planta (de ti misma), más florecerá (¡y tú también!).

Se ha demostrado que la jardinería reduce la ansiedad, el estrés y la depresión (ScienceDaily, 2022).

Puede ser una forma única de meditar y practicar el mindfulness. Cuando planifiques tu jardín, utiliza plantas que no sólo se adapten al clima, sino también a las características que deseas emular. Por ejemplo:

- Cala: Belleza
- Jacinto azul: Constancia
- Hiedra: Amistad
- Menta: Virtudes
- Sabio: Sabiduría
- Tulipanes: Pasión

Después, observa cómo crece tu jardín, igual que tú.

EJERCICIO CREATIVO

Colorea un dibujo de un jardín. Si no encuentras uno que te convenga, diseña el tuyo propio. Asegúrate de añadir todas las plantas y flores que hayas incluido para reflejar tu crecimiento a medida que avanzas.

Conclusiones

Simplemente pasar tiempo al aire libre es útil. La jardinería te da la oportunidad de ensuciarte las manos, reconectar con la naturaleza y recordar lo que es importante. Es meditativo, relajante y permite aprender algo nuevo.

Capítulo quince

Lucha la buena batalla

> Hay dos formas de difundir la luz:
> ser la vela o el espejo que la refleja.
> —*Edith Wharton*

Una vez que hayas adquirido confianza en ti misma y resiliencia, podrás empezar a pensar en los demás. Cuando encontramos el amor por nosotras mismas, nos damos cuenta de que tenemos mucho que dar. Hoy en día nos bombardean con causas que nos ofrecen la oportunidad de implicarnos.

Cuando encuentras algo que te importa y a lo que puedes dedicar tiempo, te sientes parte de una comunidad y de algo más grande. Puede ayudarte a

aumentar la confianza en ti misma, porque no hay nada que te haga sentir mejor como poner a los demás en primer lugar.

PONLO EN PRÁCTICA

Piensa en las causas que te apasionan, desde los derechos de la mujer hasta la ayuda a los necesitados. Elige una que te represente y ofrece tu tiempo y tus conocimientos a una organización local sin ánimo de lucro que realice una labor que consideres importante. Otra posibilidad es guardar una bolsa en el coche con objetos que puedas donar a una persona sin hogar o necesitada. Tal vez un par de calcetines, algo de comer y algunas botellas de agua.

El rendimiento de estos esfuerzos es incalculable. Son una oportunidad para dedicarte a los que te rodean y cuidar de ellos. No te arrepentirás.

EJERCICIO CREATIVO

Dibuja y colorea una imagen de una mano tendida hacia alguien. A través de este dibujo, puedes recordarte a ti misma que tienes la fuerza y las habilidades para dar a los demás.

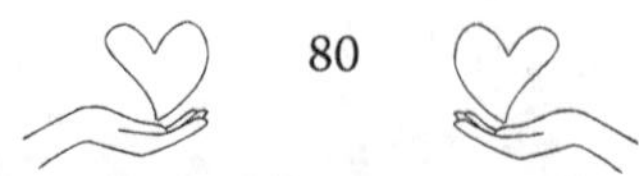

Conclusiones

Cada uno tiene sus propios problemas. Aunque esto requiere mucho tiempo y atención, y tú te lo mereces, también hay otras personas a tu alrededor. Aumenta tu confianza y tu resistencia ayudando a los demás siempre que puedas. Recuerda, ¡hasta lo más pequeño cuenta!

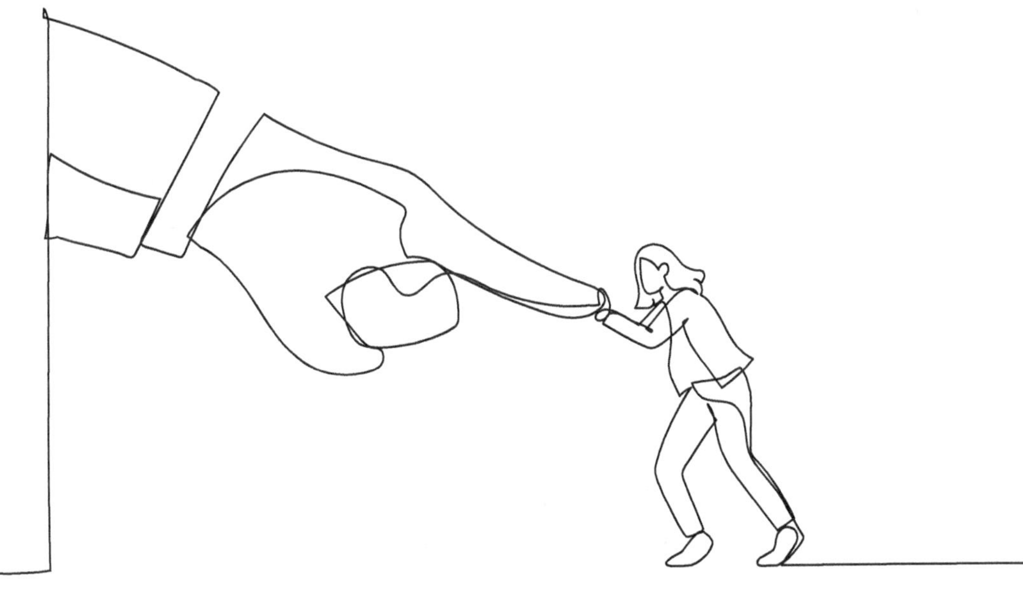

Capítulo dieciséis

Inspírate con palabras

<blockquote>

"Se estaba convirtiendo en ella misma y cada día dejaba a un lado ese yo ficticio que consideramos un ropaje con el que presentarse ante el mundo.

—*Kate Chopin*

</blockquote>

El arrepentimiento puede influir en nuestra vida cotidiana. Pensamos en el pasado, nos castigamos por lo que hemos hecho o dicho, creyendo que, si hubiéramos hecho algo diferente, ahora seríamos más felices. Pero este es el presente, no hay vuelta atrás. Lo único que podemos hacer ahora es tomar decisiones y hacerlo lo mejor posible.

También podemos intentar tomar mejores decisiones en el futuro. Una de las formas en que me gusta animar a mis lectores es pensar en inspirar a sus futuros yoes. Es una forma de reflexionar sobre el pasado, meditar sobre el presente y ayudarles a tomar mejores decisiones en el futuro. No podemos cambiar el pasado, pero podemos arreglar las cosas en el presente y trabajar por un futuro aún mejor. Siempre hay esperanza para mañana.

PONLO EN PRÁCTICA

Escribe una carta a tu futuro yo. Más concretamente, escribe a la persona que serás dentro de diez años.

En esta carta, te invito a hacer un recuento de todo lo que has conseguido hasta ahora (centrándome en los aspectos positivos) y te animo a trabajar duro en el futuro para continuar así.

Piensa en todo lo que has soportado y recuerda estar agradecido por lo que has pasado. Después, escribe lo que esperas transmitir a tu futuro yo. ¿Cuáles son tus objetivos y tus sueños? Expresa lo que esperas conseguir incluso dentro de veinte o treinta años.

Esta carta pretende inspirar a la persona que serás en el futuro para que sigas adelante incluso cuando atravieses dificultades.

Ejercicio creativo

Dibuja un pupitre y un instrumento de escritura. Las palabras son poderosas y con ellas podemos inspirar a los demás y a nosotras mismas. Concéntrate en este poder mientras coloreas el dibujo. Tenlo a mano para recordar el maravilloso poder de las palabras que nos inspiran a hacer cambios y a estar siempre motivados.

Conclusiones

Las palabras tienen poder; pueden herir o ayudar. Incluso pueden inspirar. Utiliza lo que has aprendido de tu pasado y de tu presente para ayudar a tu futuro yo. Los errores que hemos cometido pertenecen al pasado y no podemos cambiarlos. Pero siempre hay esperanza de un futuro más feliz y brillante. Y eso es una de las mejores cosas de la vida.

Quinta parte:
Ama tu poder

Capítulo diecisiete

Sé tu propia ancla

> *No temo a las tormentas porque estoy aprendiendo a navegar mi propio barco.*
> —*Louisa May Alcott*

Aunque tener gente en nuestra vida suele ser un consuelo y una alegría, también debemos aprender a bastarnos a nosotras mismas. Cada una de nosotras tiene un viaje único en la tierra y debemos ser capaces de mantenernos fuertes y centrados mientras avanzamos. Debemos aprender a apoyarnos en nosotras mismas para recibir la fuerza que necesitamos para superar cualquier dificultad.

Sé que puede resultar más fácil apoyarse en los demás en momentos de dificultad, pero deberías empezar

a considerarte un verdadero pilar. Tu fuerza interior debe ser un lugar de refugio.

La vida puede estar llena de tormentas y nosotras debemos ser el ancla que nos mantenga a salvo cuando el barco empiece a tambalearse. Aunque podemos confiar en las personas que nos quieren, también debemos aprender a depender únicamente de nosotras mismas. Somos nuestras aliadas, somos el ancla de nuestros barcos y podemos encontrar la estabilidad y el equilibrio por nosotras mismas.

PONLO EN PRÁCTICA

Como a veces puede parecer un concepto bastante vago, puede crear una imagen o establecer un objeto que te recuerde tu estabilidad. Te recomiendo que utilices una joya que lleves a diario o un objeto pequeño que lleves siempre contigo.

Quizá un collar con colgante, un anillo o incluso una pulsera. No importa. Pero debes tenerlo contigo en todo momento, para poder tocarlo y recordarte que estás anclado y equilibrado. Cuando sientas que se acerca una tormenta, detente un momento y respira hondo.

Estas joyas te ayudarán a pensar en tus próximos pasos, en lugar de actuar sin motivo.

EJERCICIO CREATIVO

Dibuja algo que represente la paz y la tranquilidad. Conserva esta imagen contigo, para que siempre puedas utilizarla como otra forma de anclarte. Utiliza colores suaves y relajantes y recuérdate a ti misma que encontrar tu propia paz es posible.

Conclusiones

Podemos escapar del caos confiando en nosotras mismas y encontrar la fuerza y la estabilidad que necesitamos para afrontar la vida cotidiana. Sólo tienes que aprender a ser tu propia ancla para poder capear cualquier temporal.

Capítulo dieciocho

Ama tu mirada

> "Siempre estás contigo misma, así
> que más vale que disfrutes de
> tu propia compañía.
> —*Diane von Furstenberg*"

Querer lo que eres significa apreciar tu personalidad, pero también aceptar tu cuerpo y tu aspecto. Aunque puede ser divertido probar ropa y cosméticos nuevos y experimentar con nuevos estilos, hacerlo puede ser una distracción que te aleje de ti misma, además de ser caro.

Para amarte de verdad, debes aprender a amar lo que ya tienes. Para bien o para mal, esto es lo que eres.

También te ayuda a centrarte en tus puntos fuertes en lugar de en lo que no te gusta de ti. Te hace pensar en la gratitud y no en la negatividad.

Y cuando te quieras y aprecies tu aspecto y tu cuerpo, todo el mundo lo notará. La autoestima brilla a través de ti, haciéndote aún más bella.

PONLO EN PRÁCTICA

Para empezar a amar tu aspecto, tienes que mirarte sin máscaras. Hazte una foto sin maquillaje para empezar a apreciar tu belleza natural. Recuerda que tú decides cómo te ves a ti misma y nadie más. Aunque no te encuentres guapa, puedes quererte y apreciar lo que tienes. Así eres tú, especial y única.

EJERCICIO CREATIVO

Hazte un autorretrato. Permítete recordar que la imagen que ves en el espejo forma parte de ti. No es algo que haya que odiar o temer, sino que hay que amar.

Conclusiones

Podemos apreciar muchas cosas de nosotras mismas, pero las mujeres a menudo olvidamos empezar por amar nuestro aspecto. Tómate tiempo para mirarte sin filtros y aprender a apreciar lo que tienes.

Capítulo diecinueve

Enumera tus puntos fuertes

> Mantente fiel a tu verdadero norte:
> construye grandeza a largo plazo.
> —*Ruth Porat*

Cada una de nosotras tiene su propia fuerza dentro de sí; aunque no podamos verla, está ahí, esperando ser reconocido y liberado. El mero hecho de que estén hoy aquí demuestra su grandeza. La vida es dura para todos. Pero cuando tienes la fuerza para seguir adelante, demuestras tu carácter y tu resistencia.

Encuentra tus puntos fuertes y recuerda que son sólo tuyos. Es muy agradable recibir cumplidos de otras personas, pero también debes aprender a reconocer

tú misma tus rasgos únicos. Búscalos, están dentro de ti, aunque creas que no los tienes.

De este modo, mirarás la vida a través de una lente positiva, tal y como hemos intentado hacer en capítulos anteriores. Buscarás las cosas brillantes y bellas y, esforzándote por hacerlo, aprenderás a verlas de forma natural cada día.

PONLO EN PRÁCTICA

En lugar de limitarse a enumerar sus cualidades, elabora un tipo de CV que no tenga nada que ver con las cualificaciones laborales. Empieza por destacar tus puntos fuertes, que te permiten afrontar la vida. Imagina que solicitas un trabajo basándote únicamente en tus cualidades y rasgos positivos de personalidad.

Si necesitas ayuda o inspiración, haz un test en línea para descubrir tus cualidades. A continuación, pide a tus amigos y familiares que señalen un rasgo de tu carácter que sea un punto fuerte tuyo.

Lee este plan de estudios siempre que sientas que tu confianza en ti misma empieza a flaquear.

Ejercicio creativo

Utilizando diferentes colores, escribe e ilustra cinco de los puntos fuertes de tu "CV". Dibújalos como quieras y como te los imagines. Los colores deben recordar poder, fuerza y habilidad.

Conclusiones

A veces, simplemente necesitamos un empujón para seguir adelante y recordarnos a nosotras mismas que tenemos algo bueno que ofrecer a los demás. No esperes a que otros te feliciten: ¡hazlo tú misma!

Capítulo veinte

Date más espacio

A medida que avanzamos en la vida, empezamos a construir y acumular cosas alrededor de nosotras. Pueden ser cosas físicas, personas, acontecimientos sociales u obligaciones laborales. Las cosas se acumulan y cambian, y nos ayudan a darnos cuenta de que la vida está tan abarrotada de cosas que ni siquiera tenemos espacio para respirar. Puede que ni siquiera te des cuenta. Sin embargo, el estrés y la ansiedad pueden provenir de lo que nos rodea, lo que

nos pesa o lo que nos quita energía. Lo que hemos construido dice mucho de nosotras, y no significa que todo sea malo o negativo. Pero tómate un tiempo para reflexionar sobre lo que estás haciendo y lo que por fin puedes dejar ir.

Cuanto más espacio tengas en tu vida, más fácil te resultará respirar. Tener espacio físico te permite empezar a quererte como te mereces. Te da tiempo para reflexionar sobre tus puntos fuertes y tus dones y para recuperar la energía que creías haber perdido. Así, podrás crear una vida renovada con más vigor que nunca. Serás más feliz, más fuerte y te sentirás más segura y arraigada.

PONLO EN PRÁCTICA

Haz una limpieza a fondo en tu vida: analiza los objetos que te rodean, pero también los compromisos que ocupan tus días. Conserva sólo lo que te da alegría. Puedes regalar el resto para que pueda dar alegría a otra persona.

Asiste sólo a eventos sociales que te aporten felicidad: esto también te ayudará a entender qué transmite tristeza, enfado o toxicidad en tu vida.

Deshazte de los hábitos que te impiden avanzar hacia tus objetivos. Lleva la cuenta de tu "limpieza" en una hoja de papel para poder seguir tus progresos.

EJERCICIO CREATIVO

Dibuja o crea una plantilla de lista de tareas pendientes en un papel aparte o en tu software preferido para tomar notas. Tenlo a mano para cuando necesites saber de qué alejarte.

Conclusiones

Utiliza el espacio que has liberado para dedicarlo a objetos, conocidos, amigos, amantes y experiencias más brillantes y frescas. Quizá tengas más tiempo para salir con amigos, ir a citas artísticas y explorar tu espiritualidad. Sea lo que sea, por fin podrás respirar sin lo que antes te oprimía.

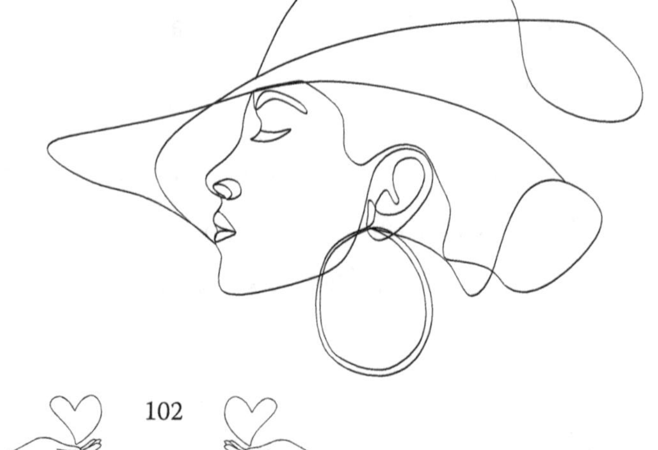

Conclusión

Una vez que encontramos nuestra capacidad de resistencia, nos convertimos en árboles con raíces profundas. Los fuertes golpes de la vida no nos conmueven; al contrario, nos mantenemos firmes durante las tormentas y, una vez que vuelve la calma, seguimos ahí, más resistentes y brillantes que antes. Esa es la verdadera resiliencia.

No es la ausencia de dolor o dificultad, miedo o ira. Es la capacidad de resistir. Sé tu propia ancla para superar los momentos difíciles. Busca siempre una salida para recuperar el equilibrio y la estabilidad. Puede que tengas algunas cicatrices, pero nunca más heridas abiertas.

La fuerza, el poder y la luz que buscas están dentro de ti. Tienes todas las herramientas que necesitas para aumentar tu resiliencia.

Puedes desarrollar esta valiosa cualidad de varias maneras:

- amando tu **generosidad**
- amando tu **entusiasmo**
- amando tu **verdad**
- amando tu **capacidad de crecer** y
- amando tu **poder**

Como puedes ver, lo que todos estos puntos tienen en común es el amor. El amor es el punto de partida. Cuando cuidas una planta, florece, y lo mismo ocurre contigo. Regálate amabilidad, respeto y reconocimiento. Muestra compasión por ti misma; cuídate y busca tus puntos fuertes en lugar de centrarte en los débiles.

Así florecerás y brillarás. La fuerza que encuentras al amar cada aspecto de ti misma te hará más resistente. Vendrán tormentas, pero serás fuerte y estable. Tendrás el poder de superar cualquier momento difícil, siendo un poco mejor cada día.

Impressum

Para preguntas, comentarios y sugerencias:

support@specialartbooks.com

Nina Madsen, Special Art

Copyright © 2023

www.specialartbooks.com

Imágenes by © Shutterstock